MARIE
DE NAZARETH

MARIE
DE NAZARETH

TEXTES DE L'EVANGILE

d'après le film mis en scène
par Jean Delannoy

Photographies d'Erick Bonnier

filipacchi / J L M

Société SONODIP / JLM PRODUCTIONS
151, rue Anatole-France - 92598 Levallois-Perret Cedex

Sommaire

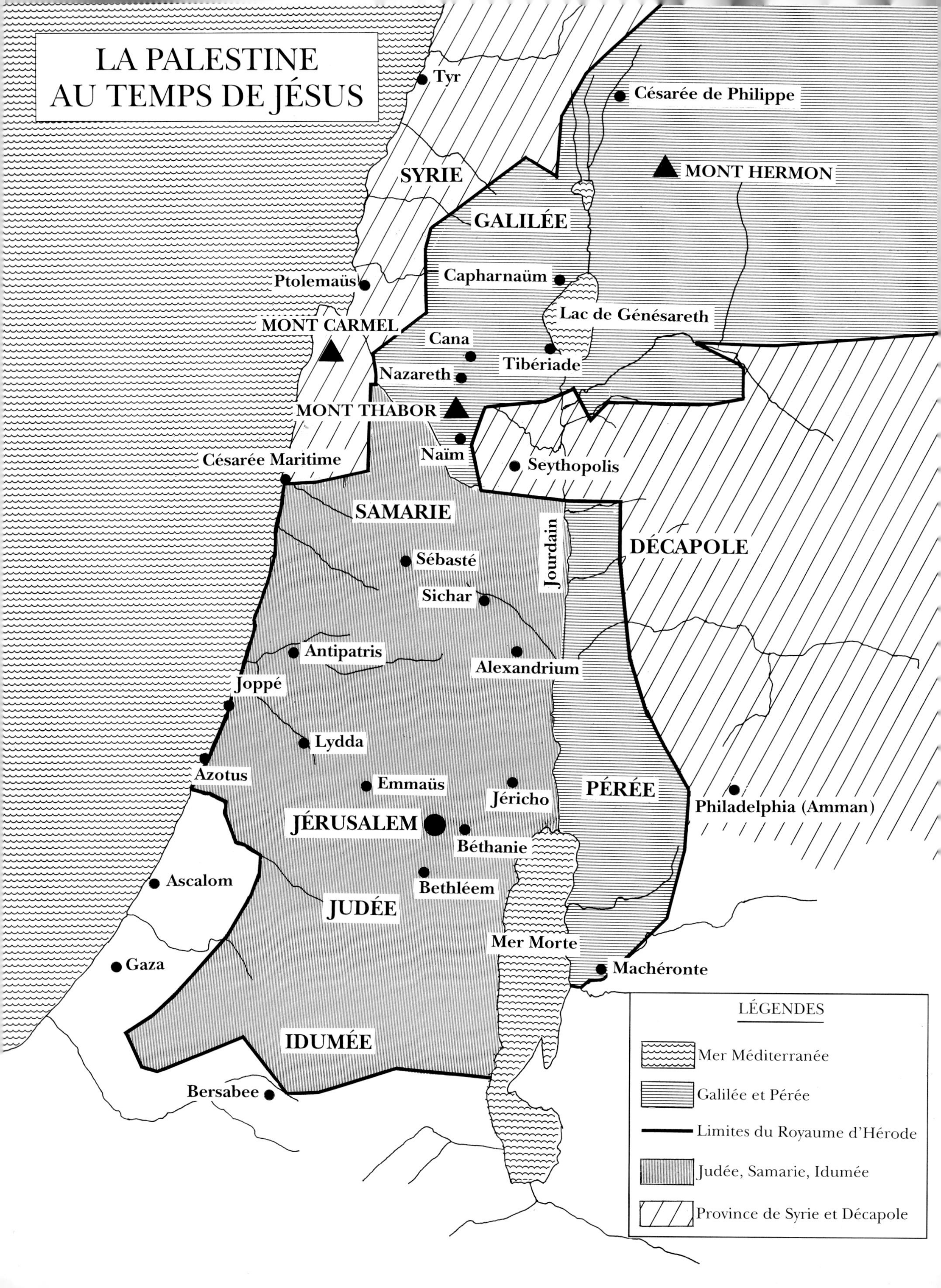

LA PALESTINE
AU TEMPS DE JÉSUS
Tyr
Césarée de Philippe
SYRIE
MONT HERMON
GALILÉE
Capharnaüm
Ptolemaüs
Lac de Génésareth
MONT CARMEL
Cana
Tibériade
Nazareth
MONT THABOR
Naïm
Césarée Maritime
Seythopolis
SAMARIE
Jourdain
DÉCAPOLE
Sébasté
Sichar
Antipatris
Alexandrium
Joppé
Lydda
Azotus
Emmaüs
Jéricho
PÉRÉE
Philadelphia (Amman)
JÉRUSALEM
Béthanie
Ascalom
Bethléem
JUDÉE
Mer Morte
Gaza
Machéronte
IDUMÉE
Bersabee
LÉGENDES
Mer Méditerranée
Galilée et Pérée
Limites du Royaume d'Hérode
Judée, Samarie, Idumée
Province de Syrie et Décapole

CHRONOLOGIE

40 avant l'ère chrétienne : Hérode est nommé roi des Juifs.

-37 : Règne effectif d'Hérode (-37 à -4).

-27 : Auguste, empereur romain (-27 à -14).

-20 à -19 : Début de la reconstruction du Temple de Jérusalem.

-9 à -6 : Sentius Saturnius, légat de Syrie.

vers -6 : Recensement de la Judée et naissance de Jésus.

-4 (fin mars, début avril) : Mort d'Hérode le Grand. Archelaüs ethnarque (de Judée et de Samarie). (-4 à 6 après J.-C.) : Hérode Antipas, tétrarque de Galilée (-4 à 39 après J.-C.)

1 - (la 754e année de Rome) : Début de l'ère chrétienne (fixée de manière erronée à cette époque par Denys le Petit au VIe siècle).

6 : A partir de cette année, la Judée est gouvernée par un procurateur.

14 : Mort d'Auguste, empereur de Rome. Tibère, empereur.

26 : Pilate, procurateur de Judée (de 26 à 36). Caïphe, grand prêtre (de 18 à 36).

27-28 : Jean prêche et baptise dans le Jourdain. Baptême de Jésus. Jean en prison. Jésus va évangéliser la Galilée.

28 ou 29 : Jésus quitte Nazareth pour Capharnaüm. Appels des disciples. Vocations, miracles et controverses. Prédications. A Nazareth, Jésus est incompris et rejeté. On le raille.
Hérode Antipas fait décapiter Jean.

29 (?) (mars-avril) : Voyage en Syrie, en Décapole puis à Bethsaïde, dans la région de Césarée de Philippe.

30 (mars-avril) : Montée à Jérusalem.

7 avril (?) de l'an 30 (?) : Le dernier repas avec les disciples. Arrestation de Jésus. Jésus devant le Sanhédrin, puis devant Pilate. Jésus meurt sur la Croix.

8 avril (?) de l'an 30 (?) : Le premier jour de la semaine, c'est la découverte par Marie Madeleine du tombeau vide.

PRÉFACE
MARIE, MÈRE DES HOMMES, MÈRE DE DIEU

Il existe un étonnant silence des Evangiles à propos de la mère du Christ. Je ne suis pas le seul à l'avoir déploré.

Saint Thomas de Villeneuve le dit : « Ô Évangélistes, pourquoi n'avez-vous pas livré à notre mémoire ce qu'elle a fait avec son fils parmi les hommes, comment elle a vécu avec les apôtres ? »

Georges Bernanos remarque douloureusement : « Personne n'a vécu, n'a souffert et n'est mort, dans une ignorance aussi totale de sa propre dignité. »

Plus près de nous, Didier Decoin constate, sur un ton affable et familier : « Matthieu, Marc, Luc et vous aussi, Jean, malgré quelques efforts méritoires, vous êtes crispants parfois. Franchement, qu'est-ce que ça vous coûtait d'en dire un peu plus ? » (*La Sainte Vierge a les yeux bleus* de Didier Decoin, éd. du Seuil.)

Dans tous les films consacrés à Jésus, ceux de Zeffirelli et de Pasolini en particulier, Marie est tout simplement éludée. Son rôle se réduit à une maternité et à sa présence au pied de la Croix - Stabat Mater. Il est vrai que les évangélistes eux-mêmes parlent peu de Marie. Luc et Matthieu racontent l'Annonciation et la naissance de Jésus. Après, seuls Matthieu et Luc évoquent, succintement, quelques épisodes de sa vie familiale. Marc n'en souffle mot. Quant à Jean, il se contente de noter la présence de Marie au moment de la crucifixion, et, je le cite : « Voyant sa mère, et tout près, le disciple qu'il préférait, (Jésus) dit à sa mère : "Femme voici ton fils..." Ensuite, il dit au disciple : "Voilà ta mère." Et depuis cette heure-là, le disciple la prit chez lui. »

On voudrait se contenter d'une telle sobriété évangélique, tant la présence de Marie emplit nos cœurs de simplicité, d'amour et d'allégresse. Mais, pour un film, c'est un peu court. J'ai eu besoin d'en savoir davantage. Aimer vraiment, c'est savoir qui et pourquoi on aime.

Alors, avec Jacques Douyau, nous avons interprété et développé le peu que nous confiaient les Evangiles et nous avons imaginé le reste.

Ainsi, avons-nous été frappés par la personnalité de Joseph, le fiancé de Marie. Voici un homme « juste et bon » qui aime sa future femme de toute son âme. Marie séjourne quatre mois chez sa cousine Elisabeth, future mère de celui qui deviendra Jean le Baptiste. Joseph a la douleur de voir revenir sa fiancée enceinte. On imagine alors sa souffrance. Il ne faudra pas moins que l'intervention de l'ange pendant son sommeil pour apaiser sa détresse et lui rendre la joie de vivre.

Père d'un enfant qui n'est pas le sien charnellement, Joseph va l'aimer comme son propre fils. Il l'élèvera, le protégera et lui apprendra le noble métier de charpentier.

L'histoire est tellement réelle, tellement actuelle, que le film aurait pu s'en tenir là. Le rôle de Marie se résumerait alors à mettre Jésus au monde et à voir grandir un enfant surdoué dont la maturité, dès l'âge de douze ans, la trouble et la dépasse. Mais le vieillard Siméon lui prédit, quelques jours après la naissance de Jésus, les pires douleurs qu'une mère puisse endurer. Et Marie sera présente au pied de la Croix.

Les Evangiles ne nous disent rien au sujet de Joseph vieillard. Nous pouvons penser qu'il mourut prématurément. Marie va lui survivre jusqu'à la crucifixion de son fils - et bien au-delà.

« Les poètes inventent la réalité », disait Jean Cocteau. Avec toute la vraisemblance inspirée par les Evangiles, sans jamais trahir les actes et les paroles du Christ, nous avons imaginé la vie de Marie pendant toutes ces années passées dans le sillage de Jésus. Pour concevoir et réaliser ce film, nous sommes ainsi partis d'un postulat : Marie est un témoin bouleversé et bouleversant de la vie de son fils. Elle l'a suivi sur les routes de Galilée, au milieu des autres femmes qui entouraient Jésus, dont nous parle saint Luc.

Nous avons tourné le premier film sur celle que Bernanos appelle « La petite fille de Nazareth ». Cette œuvre est destinée à fortifier les croyants dans leur foi et à rallier les indécis. Ainsi se trouvent justifiées les stances de Charles Péguy dédiées à sa mère :

« A celle qui est infiniment éternelle,
parce qu'elle est infiniment temporelle ;
A celle qui est infiniment grande
parce que infiniment petite ;
A celle qui est infiniment céleste,
parce qu'elle est infiniment terrestre. »

Jean Delannoy

AVERTISSEMENT

Ce livre est entre vos mains.

Il est le fruit du formidable travail des producteurs du film, Jacques Quintard et Jean-Claude Vieu. Ils ont osé proposer un long métrage sur Marie. L'idée leur en est venue après que le Saint-Père, en 1990, ait visionné *Bernadette,* le film réalisé par Jean Delannoy, et qui raconte l'histoire de la petite bergère de Lourdes, visionnaire de la Vierge. Jean-Paul II a souhaité, en présence de Jean Delannoy, qu'un film sur Marie puisse un jour être tourné – ce qui n'avait jamais été fait dans l'histoire du cinéma.

Jean Delannoy signe ici son cinquantième long métrage. Il a mis toute son expérience, tout son talent au service de cette grande idée. Avec Jacques Douyau, ils ont écrit un scénario dense. La jeunesse de Marie, ses relations avec Joseph, l'enfance de Jésus sont longuement évoqués au début de *Marie de Nazareth.* Dans une deuxième partie, comme dans l'Evangile, Marie s'efface devant son fils : Jésus commence, à trente ans, sa mission prophétique. Il annonce le Royaume. Il appelle des disciples à sa suite. Marie n'est jamais très loin, attentive à ce mystère qu'elle a du mal à comprendre. Jésus est un signe de contradiction. Les puissants finissent par « avoir la peau » de ce gêneur. Jésus meurt sur la Croix. Marie Madeleine, l'ancienne prostituée, découvre, la première, le tombeau vide au matin de la Pâque. Elle voit Jésus, ressuscité – mais elle ne peut pas le toucher. Marie Madeleine court annoncer la « bonne nouvelle » aux apôtres : « Il est ressuscité ! »

Marie comprend enfin le mystère de ce fils tellement « autre », ce fils qu'elle a porté dans ses bras, qu'elle a aimé, que Joseph a pris sur ses genoux. Avec l'annonce de la Résurrection, Marie peut enfin « fermer la porte » : tout s'éclaire pour elle. Le film de Jean Delannoy s'arrête là.

Marie, dans la tradition de l'Eglise, est encore présente lors de la fête de la Pentecôte : les apôtres, à leur tour, comprennent enfin la Vérité du Christ sauveur. Ils peuvent alors fonder l'Eglise, avec l'aide de l'Esprit de Dieu, de l'Esprit de Jésus. Marie finira sa vie terrestre auprès de Jean, que Jésus lui donne comme fils au pied de la Croix.

Erick Bonnier, jeune photographe, a pris des milliers de photos du tournage. Claude Agostini, directeur de la photographie du film, a signé les très beaux éclairages.

Nous avons sélectionné les meilleures photos, les plus belles scènes de *Marie de Nazareth.* Pour le plaisir des yeux, pour l'émotion spirituelle. Pour redécouvrir, avec les yeux de Marie, l'Histoire sainte, celle du Sauveur, de Jésus le Christ.

Avec l'accord de Jean Delannoy, nous vous proposons le texte même des Evangiles, en référence à chaque scène. Pour que vous aussi, vous puissiez goûter à la source évangélique, telle que les Eglises chrétiennes l'ont gardée et transmise, de génération en génération, depuis près de vingt siècles. Nous avons choisi la traduction la plus connue, la traduction liturgique, celle qui est lue chaque dimanche, lors des messes, dans toutes les paroisses. Le lecteur sera ainsi au contact même des textes retenus par l'Eglise comme fondement du mystère de sa foi. Pour faciliter la compréhension des séquences, un très court commentaire accompagne certaines photos.

Avec Marie, c'est un peu l'ombre du ciel qui effleure la terre. Aujourd'hui encore, la Vierge est priée par des foules entières.

Elle est médiatrice, avocate, intermédiaire de tous ces hommes, de toutes ces femmes qui souffrent, aiment, se réjouissent, mais qui ne savent pas comment faire pour s'adresser à Dieu.

Puisse ce livre alimenter la réflexion, l'émotion, la vie intérieure de tous ceux qui, croyants ou non, cherchent la lumière dans le clair-obscur de nos existences.

Bernard Gendrin,
diacre du diocèse de Pontoise,
conseiller religieux du film.

1re PARTIE : MARIE, MÈRE DE JÉSUS

1 - Marie, fiancée à Joseph

PHOTOGRAPHIES :

1 à 4. Marie, une jeune fille de Nazareth, dans les rues de son village.

5. Marie donne une orange à une vieille femme aveugle.

6 et 7. Marie au puits, parmi les jeunes filles du village.

8. Marie cherche la cage aux tourterelles que ses parents ont commandée au charpentier Joseph.

9 et 10. Anne et Joachim, parents de Marie. Joseph leur demande la main de Marie. Selon la tradition juive, l'accord de Marie est nécessaire.[1]

11 et 12. Marie prépare des galettes de pain. Joseph lui demande sa main.

13. Marie voit l'ange lui annoncer une grande nouvelle.

1. N. d. E. : Anne et Joachim ne sont pas cités dans les Évangiles. Nous ne les connaissons que par une tradition très ancienne.

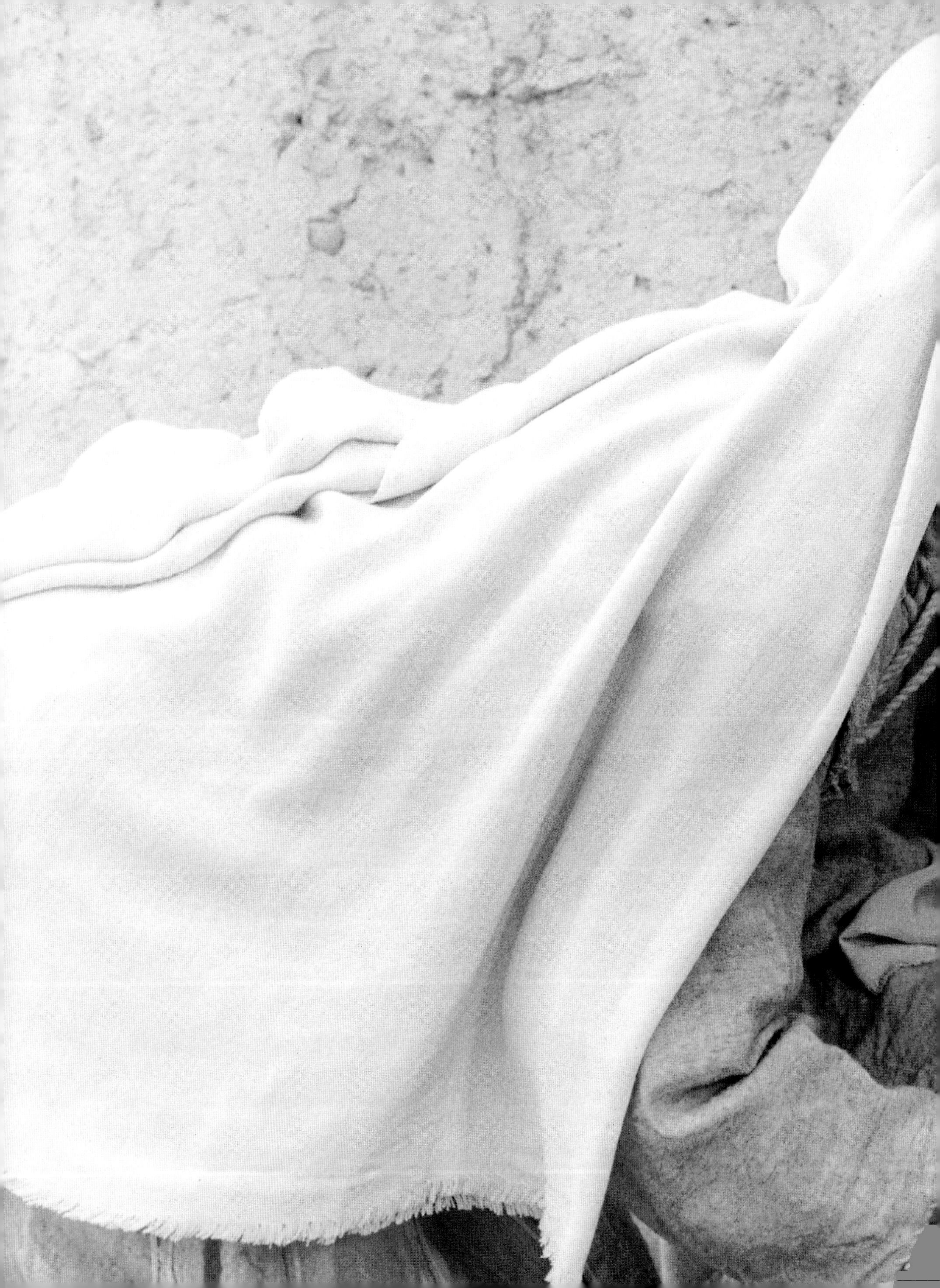

10

L'ANNONCIATION

L'ange Gabriel fut envoyé par Dieu dans une ville de Galilée appelée Nazareth, à une jeune fille, une vierge, accordée en mariage à un homme de la maison de David, appelé Joseph ; et le nom de la jeune fille était Marie. L'ange entra chez elle et dit : « Je te salue, comblée de grâce, le Seigneur est avec toi. » A cette parole, elle fut toute bouleversée, et elle se demandait ce que pouvait signifier cette salutation.

L'ange lui dit alors : « Sois sans crainte, Marie, car tu as trouvé grâce auprès de Dieu. Voici que tu vas concevoir et enfanter un fils : tu lui donneras le nom de Jésus. Il sera grand, il sera appelé Fils du Très-Haut ; le Seigneur lui donnera le trône de David son père ; il régnera pour toujours sur la maison de Jacob, et son règne n'aura pas de fin. » Marie dit à l'ange : « Comment va-t-il se faire, puisque je suis vierge ? » L'ange lui répondit : « L'Esprit-Saint viendra sur toi, et la puissance du Très-Haut te prendra sous son ombre ; c'est pourquoi celui qui va naître sera saint, il sera appelé Fils de Dieu. Et voici qu'Elisabeth, ta cousine, a conçu elle aussi un fils dans sa vieillesse, et elle en est à son sixième mois, alors qu'ils l'appelaient la femme stérile. Car rien n'est impossible à Dieu. » Marie dit alors : « Voici la Servante du Seigneur ; que tout se passe pour moi selon ta parole. »

Alors l'ange la quitta.

Luc, I, 26 - 38.

PHOTOGRAPHIES :

1 et 2. Marie part visiter sa cousine Elisabeth en Judée. Elle rencontre Zacharie, le mari d'Elisabeth. Il est muet : il n'avait pas cru en la parole d'un ange qui lui promettait un fils, malgré l'âge avancé de son épouse. Il retrouvera la parole après la naissance de l'enfant, en le nommant « Jean », selon ce que l'ange lui avait demandé. Jean est le futur « Jean le Baptiste », petit cousin de Jésus.

3. Elisabeth salue sa cousine Marie. Cette prière est devenue notre « Je vous salue Marie » :
« (Je vous salue Marie),
pleine de grâce,
le Seigneur est avec vous,
Et Jésus, le fruit de vos entrailles est béni. »

Plus tard l'Église ajoutera :
« Sainte Marie, Mère de Dieu,
Priez pour nous, pauvres pécheurs,
Maintenant et à l'heure de notre mort,
Amen. »

4. Le Magnificat : Marie rend grâce à Dieu.

5. Pendant ce temps, à Nazareth, Joseph s'inquiète. Il demande des nouvelles de Marie aux parents de sa fiancée qui le rassurent.

6 et 7. Marie revient à Nazareth. Elle est enceinte, selon ce que l'ange lui avait annoncé. Ses parents sont choqués et très inquiets. Joseph peut répudier sa fiancée ; il peut même décider de sa mort, selon les coutumes de l'époque.

8 et 9. Marie essaye d'expliquer le mystère à Joseph. Il ne comprend pas. Il fait cependant confiance, et renonce à faire mourir Marie.

10. L'ange apparaît à Joseph .

1

2/3

LE MAGNIFICAT

En ces jours-là, Marie se mit en route rapidement vers une ville de montagne de Judée. Elle entra dans la maison de Zacharie et salua Elisabeth. Or, quand Elisabeth entendit la salutation de Marie, l'enfant tressaillit en elle. Alors Elisabeth fut remplie de l'Esprit-Saint, et s'écria d'une voix forte : « Tu es bénie entre toutes les femmes, et le fruit de tes entrailles est béni. Comment ai-je ce bonheur que la mère de mon Seigneur vienne jusqu'à moi ? Car, lorsque j'ai entendu tes paroles de salutation, l'enfant a tressailli d'allégresse au-dedans de moi. Heureuse celle qui a cru à l'accomplissement des paroles qui lui furent dites de la part du Seigneur. » Marie dit alors :
« Mon âme exalte le Seigneur,
mon esprit exulte en Dieu mon Sauveur.
Il s'est penché sur son humble servante ;
désormais tous les âges me diront bienheureuse.
Le Puissant fit pour moi des merveilles ;
Saint est son nom !
Son amour s'étend d'âge en
âge sur ceux qui Le craignent.
Déployant la force de Son bras,
Il disperse les superbes,
Il renverse les puissants de leurs trônes,
Il élève les humbles,
Il comble de biens les affamés,
renvoie les riches les mains vides.
Il relève Israël Son serviteur,
Il se souvient de son amour,
de la promesse faite à nos pères,
en faveur d'Abraham et de sa race à jamais. »

Marie demeura avec Elisabeth environ trois mois, puis elle s'en retourna chez elle.

Luc, I, 39 - 56.

7

JOSEPH

Voici quelle fut l'origine de Jésus Christ. Marie, la mère de Jésus, avait été accordée en mariage à Joseph ; or, avant qu'ils n'aient habité ensemble, elle fut atteinte par l'action de l'Esprit -Saint. Joseph son époux, qui était un homme juste, ne voulait pas la dénoncer publiquement ; il décida de la répudier en secret. Il avait formé ce projet, lorsque l'ange du Seigneur lui apparut en songe et lui dit : « Joseph, fils de David, ne crains pas de prendre chez toi Marie, ton épouse : l'enfant qui est engendré en elle vient de L'Esprit-Saint. Elle mettra au monde un fils, auquel tu donneras le nom de Jésus (c'est-à-dire, le Seigneur sauve), car c'est lui qui sauvera son peuple de ses péchés. »

Tout cela arriva pour que s'accomplisse la parole du Seigneur prononcée par le prophète : « Voici que la Vierge concevra et elle mettra au monde un fils, auquel on donnera le nom d'Emmanuel, qui se traduit par : Dieu avec nous. » Quand Joseph se réveilla, il fit ce que l'ange du Seigneur lui avait prescrit ; il prit chez lui son épouse, mais il n'eut pas de rapport avec elle ; elle enfanta un fils, auquel il donna le nom de Jésus.

Matthieu, I, 18 - 25.

8

9

2 - La naissance de Jésus

PHOTOGRAPHIES :

1. Mariage de Marie et de Joseph à Nazareth. « Viens habiter dans ma maison, Marie ».

2 à 4. Un décret impérial oblige tous les habitants à se faire recenser sur le lieu de naissance du chef de famille. Joseph est originaire de Bethléem, en Judée, le village du grand roi David. Bethléem est à trois jours de marche au minimum. Quoique enceinte et proche du terme, Marie rassure Joseph. Ils feront le voyage.

5. Marie et Joseph en route vers Bethléem à travers le désert.

1

LA NAISSANCE DE JÉSUS

En ces jours-là, parut un édit de l'empereur Auguste, ordonnant de recenser toute la terre – ce premier recensement eut lieu quand Quirinius était gouverneur de Syrie. – Et chacun allait se faire inscrire dans sa ville d'origine. Joseph, lui aussi, quitta la ville de Nazareth, en Galilée, pour monter en Judée, à la ville de David appelée Bethléem, car il était de la maison et de la descendance de David. Il venait se faire inscrire avec Marie, son épouse, qui était enceinte. Or, pendant qu'ils étaient là, arrivèrent les jours où elle devait enfanter. Et elle mit au monde son fils premier-né ; elle l'emmaillota et le coucha dans une mangeoire, car il n'y avait pas de place pour eux dans la salle commune.

Luc, II, 1 - 7.

PHOTOGRAPHIES :

1 et 2. A travers le désert. Marie et Joseph rencontrent des croix sur leur chemin. L'époque est rude. Hérode est roi de Judée, soumis à l'occupant romain. C'est lui qui a fait mettre à mort des opposants. Ils sont crucifiés au bord de la route.

3. Marie et Joseph arrivent à Bethléem. Il y a beaucoup de monde à l'auberge. L'aubergiste propose de les loger dans un lieu calme, une simple étable, où Marie pourra accoucher.

4 et 5. Naissance de Jésus.

6 et 7. Un ange prévient les bergers, les pauvres du peuple : « Je vous annonce une grande nouvelle... » Ils visitent Jésus.

8. Le palais d'Hérode.

9. Hérode, roi dur et cruel, au service des Romains, parmi ses courtisans.

10 et 11. Les Rois mages visitent Hérode. Ils ont vu un astre mystérieux qui les a conduits en Judée. Ils demandent à Hérode où se trouve ce « roi » annoncé par l'astre. Hérode ne le sait pas. Il suggère aux Rois mages de le prévenir si jamais ils trouvent ce « roi ».

12 et 13. Les Rois mages devant Jésus.

14. Les Rois mages, prévenus en rêve, s'enfuient de Judée, sans avertir Hérode. Celui-ci se doute quand même de l'endroit où pourrait naître le Sauveur annoncé par les Écritures anciennes. Joseph est averti en songe d'un danger.

15 et 16. Hérode envoie ses soldats massacrer les enfants de moins de deux ans à Bethléem.

1 2/3

5

LES BERGERS

Dans les environs se trouvaient des bergers, qui passaient la nuit dans les champs pour garder leurs troupeaux. L'ange du Seigneur s'approcha, et la gloire du Seigneur les enveloppa de sa lumière. Ils furent saisis d'une grande crainte, mais l'ange leur dit : « Ne craignez pas, car voici que je viens vous annoncer une bonne nouvelle, une grande joie pour tout le peuple : aujourd'hui vous est né un Sauveur, dans la ville de David. Il est le Messie, le Seigneur. Et voilà le signe qui vous est donné : vous trouverez un nouveau-né emmailloté et couché dans une mangeoire. » Et soudain, il y eut avec l'ange une troupe céleste innombrable, qui louait Dieu en disant : « Gloire à Dieu au plus haut des cieux, et paix sur la terre aux hommes qu'Il aime. »

Lorsque les anges eurent quitté les bergers pour le ciel, ceux-ci se disaient entre eux : « Allons jusqu'à Bethléem pour voir ce qui est arrivé, et que le Seigneur nous a fait connaître. » Ils se hâtèrent d'y aller, et ils découvrirent Marie et Joseph, avec le nouveau-né couché dans une mangeoire. Après l'avoir vu, ils racontèrent ce qui leur avait été annoncé au sujet de cet enfant. Et tout le monde s'étonnait de ce que racontaient les bergers.

Marie, cependant, retenait tous ces événements et les méditait dans son cœur. Les bergers repartirent ; ils glorifiaient et louaient Dieu pour tout ce qu'ils avaient entendu et vu selon ce qui leur avait été annoncé.

Luc, II, 8 - 20.

6

7/8

LES MAGES VENUS D'ORIENT[1]

Jésus était né à Bethléem en Judée, au temps du roi Hérode le Grand. Or, voici que des mages venus d'Orient arrivèrent à Jérusalem et demandèrent : « Où est le roi des Juifs qui vient de naître ? Nous avons vu se lever son étoile et nous sommes venus nous prosterner devant lui. » En apprenant cela, le roi Hérode fut pris d'inquiétude, et tout Jérusalem avec lui. Il réunit tous les chefs des prêtres et tous les scribes d'Israël pour leur demander en quel lieu devait naître le Messie. Ils lui répondirent : « A Bethléem en Judée, car voici ce qui est écrit par le prophète : "Et toi, Bethléem en Judée, tu n'es certes pas le dernier parmi les chefs-lieux de Judée ; car de toi sortira un chef, qui sera le berger d'Israël, mon peuple." » Alors Hérode convoqua les mages en secret pour leur faire préciser à quelle date l'étoile était apparue ; puis il les envoya à Bethléem, en leur disant : « Allez vous renseigner avec précision sur l'enfant. Et quand vous l'aurez trouvé, avertissez-moi pour que j'aille, moi aussi, me prosterner devant lui. » Sur ces paroles du roi, ils partirent.

Et voilà que l'étoile qu'ils avaient vue se lever les précédait ; elle vint s'arrêter au-dessus du lieu où se trouvait l'enfant. Quand ils virent l'étoile, ils éprouvèrent une très grande joie. En entrant dans la maison, ils virent l'enfant avec sa mère, et, tombant à genoux, ils se prosternèrent devant lui. Ils ouvrirent leurs coffrets, et lui offrirent leurs présents : de l'or, de l'encens et de la myrrhe.

Mais ensuite, avertis en songe de ne pas retourner chez Hérode, ils regagnèrent leur pays par un autre chemin.

Matthieu, II, 1-12.

1. N. d. E. : L'histoire des Rois mages montre que Jésus est appelé à un destin universel, à sauver tous les peuples.

10

11

LE MASSACRE DES INNOCENTS[1]

Après le départ des mages, l'ange du Seigneur apparaît en songe à Joseph et lui dit : « Lève-toi ; prends l'enfant et sa mère et fuis en Egypte. Reste là-bas jusqu'à ce que je t'avertisse, car Hérode va rechercher l'enfant, pour le faire périr. » Joseph se leva ; dans la nuit, il prit l'enfant et sa mère, et se retira en Egypte, où il resta jusqu'à la mort d'Hérode. Ainsi s'accomplit ce que le Seigneur avait dit par le prophète : « D'Egypte, j'ai appelé mon fils. »

Alors Hérode, voyant qu'il avait été joué par les mages, entra dans une grande fureur. Et il envoya tuer tous les enfants qui étaient à Bethléem et dans tout son territoire, depuis l'enfant de deux ans et au-dessous, selon ce qu'il avait appris exactement des mages.

Alors fut accompli ce qui avait été dit par le ministère du prophète Jérémie disant : « Une voix a été entendue dans Rama, lamentation et maint gémissement : Rachel pleure ses enfants et n'a pas voulu être consolée, car ils ne sont plus. »

Après la mort d'Hérode, l'ange du Seigneur apparaît en songe à Joseph en Egypte et lui dit : « Lève-toi ; prends l'enfant et sa mère, et reviens au pays d'Israël, car ils sont morts, ceux qui en voulaient à la vie de l'enfant. » Joseph se leva, prit l'enfant et sa mère, et rentra au pays d'Israël. Mais, apprenant qu'Archelaüs régnait sur la Judée à la place de son père Hérode, il eut peur de s'y rendre. Averti en songe, il se retira dans la région de Galilée et vint habiter dans une ville appelée Nazareth. Ainsi s'accomplit ce que le Seigneur avait dit par les prophètes : « Il sera appelé Nazaréen. »

Matthieu, II, 13 - 23.

1. N. d. E. : Le massacre des innocents, épisode horrible, laisse entendre que Jésus, arrivant dans un monde de violence et de haine, ne refusera pas lui-même un destin tragique.

PHOTOGRAPHIES :

1. Jésus présenté au Temple.

2 et 3. Joseph et Marie emmènent Jésus, qui a environ huit jours, au Temple de Jérusalem, selon la coutume juive. A la sortie du Temple, Marie et Joseph rencontrent le sage Siméon qui attendait un Sauveur. Il reconnaît Jésus comme celui qui doit venir, celui que le monde attend. (Voir la belle prière de Siméon page 86).

4 et 5. Joseph et Marie, avec Jésus, s'enfuient en Egypte.

JÉSUS PRÉSENTÉ AU TEMPLE

Quand fut arrivé le huitième jour, celui de la circoncision, l'enfant reçut le nom de Jésus, le nom que l'ange lui avait donné avant sa conception.

Quand arriva le jour fixé par la Loi de Moïse pour la purification, les parents de Jésus le portèrent à Jérusalem pour le présenter au Seigneur, selon ce qui est écrit dans la Loi : « Tout premier-né de sexe masculin sera consacré au Seigneur. » Ils venaient aussi présenter en offrande le sacrifice prescrit par la Loi du Seigneur : un couple de tourterelles ou deux petites colombes.

Or, il y avait à Jérusalem un homme appelé Siméon. C'était un homme juste et religieux, qui attendait la consolation d'Israël, et l'Esprit-Saint était sur lui. L'Esprit lui avait révélé qu'il ne verrait pas la mort avant d'avoir vu le Messie du Seigneur. Poussé par l'Esprit, Siméon vint au Temple. Les parents y entraient avec l'Enfant Jésus pour y accomplir les rites de la Loi qui le concernaient. Siméon prit l'enfant dans ses bras, et il bénit Dieu en disant :

« Maintenant, ô Maître,
tu peux laisser ton serviteur s'en aller dans la paix,
selon ta parole,
car mes yeux ont vu ton salut,
que tu as préparé à la face de tous les peuples :
lumière pour éclairer les nations païennes,
et gloire d'Israël, ton peuple. »

Le père et la mère de l'enfant s'étonnaient de ce que l'on disait de lui. Siméon les bénit, puis il dit à Marie, sa mère : «Vois, ton fils, qui est là, provoquera la chute et le relèvement de beaucoup en Israël. Il sera un signe de division – et toi-même, ton cœur sera transpercé par une épée. – Ainsi seront dévoilées les pensées secrètes d'un grand nombre. »

Luc, II, 21 - 35.

2

3/4/5

PHOTOGRAPHIES :

1 à 4. Arrivée dans un village d'Egypte.

5. Joseph est accueilli par un Juif réfugié.

6. Pendant ce temps, Hérode meurt d'une maladie de peau, selon la tradition.

7. Joseph, averti en songe, peut rentrer dans son pays. Il salue son hôte.

8 et 9. Joseph et Marie.

3

4

5

6

8

9

3 - Il grandissait en âge et en sagesse...

PHOTOGRAPHIES :

1. Jésus enfant apprend le métier de charpentier.

2. Jésus, vers l'âge de treize ans, lors d'un voyage à Jérusalem, s'attarde dans le Temple au milieu des savants et des docteurs de la Loi. Ils parlent des Écritures. Tous étaient étonnés de ses réponses.

3. Les parents, inquiets, arrivent au Temple, pour retrouver leur fils.

4. Joseph s'interroge sur cet enfant, Jésus, tellement « autre » et en même temps son enfant...

5 et 6. Jésus sort du Temple et retrouve ses parents.

7. Joseph meurt.[1]

8. Scène dans un village.

1. *N. d. E. :* Les Évangiles ne nous disent rien sur Joseph après la scène où Jésus adolescent s'attarde au milieu des docteurs, au Temple de Jérusalem. Jean Delannoy a imaginé le plus vraisemblable : Joseph meurt, avant le commencement de la vie publique de Jésus.

1

JÉSUS AU MILIEU DES DOCTEURS

Lorsqu'ils eurent accompli tout ce que prescrivait la Loi du Seigneur, ils retournèrent en Galilée, dans leur ville de Nazareth. L'enfant grandissait et se fortifiait, tout rempli de sagesse, et la grâce de Dieu était sur lui.

Chaque année les parents de Jésus allaient à Jérusalem pour la fête de la Pâque. Quand il eut douze ans, ils firent le pèlerinage suivant la coutume. Comme ils s'en retournaient à la fin de la semaine, le jeune Jésus resta à Jérusalem sans que ses parents s'en aperçoivent. Pensant qu'il était avec leurs compagnons de route, ils firent une journée de chemin avant de le chercher parmi leurs parents et connaissances. Ne le trouvant pas, ils revinrent à Jérusalem en continuant à le chercher.

C'est au bout de trois jours qu'ils le trouvèrent dans le Temple, assis au milieu des docteurs de la Loi : il les écoutait et leur posait des questions, et tous ceux qui l'entendaient s'extasiaient sur son intelligence et sur ses réponses. En le voyant, ses parents furent stupéfaits, et sa mère lui dit : « Mon enfant, pourquoi nous as-tu fait cela ? Vois comme nous avons souffert en te cherchant, ton père et moi ! » Il leur dit : « Comment se fait-il que vous m'ayez cherché ? Ne le saviez-vous pas ? C'est chez mon Père que je dois être. » Mais ils ne comprirent pas ce qu'il leur disait. Il descendit avec eux pour rentrer à Nazareth, et il leur était soumis. Sa mère gardait dans son cœur tous ces événements.

Quant à Jésus, il grandissait en sagesse, en taille et en grâce, sous le regard de Dieu et des hommes.

Luc, II, 39 - 52.

2/3/4

2e PARTIE : MARIE, MÈRE DES HOMMES

1 - Jésus baptisé par Jean

PHOTOGRAPHIES :

1. Marie.

2. Jésus est reconnu par Jean comme étant « celui qui vient. »

3. Jean baptise Jésus.

LE BAPTÊME DE JÉSUS

En ces jours-là paraît Jean le Baptiste, qui proclame dans le désert de Judée : « Convertissez-vous, car le Royaume des cieux est tout proche ! » Jean est celui que désignait la parole transmise par le prophète Isaïe : « A travers le désert, une voix crie : "Préparez le chemin du Seigneur, aplanissez sa route." » Jean portait un vêtement de poil de chameau et une ceinture de cuir autour des reins ; il se nourrissait de sauterelles et de miel sauvage. Alors Jérusalem, toute la Judée et toute la région du Jourdain venaient à lui, et ils se faisaient baptiser par lui dans le Jourdain en reconnaissant leurs péchés.

Matthieu, III, 1 - 6.

*
* *

Les foules qui venaient se faire baptiser par Jean lui demandaient : « Que devons-nous faire ? » Jean leur répondait : « Celui qui a deux vêtements, qu'il partage avec celui qui n'en a pas ; et celui qui a de quoi manger, qu'il fasse de même ! » Des publicains (collecteurs d'impôts) vinrent aussi se faire baptiser et lui dirent : « Maître, que devons-nous faire ? » Il leur répondit : « N'exigez rien de plus que ce qui vous est fixé. »

Luc, III, 10 - 13.

*
* *

Jésus, arrivant de Galilée, paraît sur les bords du Jourdain, et il vient à Jean pour se faire baptiser par lui. Jean voulait l'en empêcher et disait : « C'est moi qui ai besoin de me faire baptiser par toi, et c'est toi qui vient à moi ! » Mais Jésus lui répondit : « Pour le moment, laisse-moi faire ; c'est de cette façon que nous devons accomplir parfaitement ce qui est juste. » Alors Jean le laisse faire.

Dès que Jésus fut baptisé, il sortit de l'eau ; voici que les cieux s'ouvrirent, et il vit l'Esprit de Dieu descendre comme une colombe et venir sur lui. Et des cieux, une voix disait : « Celui-ci est mon Fils bien-aimé ; en lui j'ai mis tout mon amour. »

Matthieu, III, 13 - 17.

LES PREMIERS DISCIPLES

Le lendemain, Jean le Baptiste se trouvait avec deux de ses disciples. Posant son regard sur Jésus qui allait et venait, il dit : «Voici l'Agneau de Dieu.» Les deux disciples entendirent cette parole, et ils suivirent Jésus. Celui-ci se retourna, vit qu'ils le suivaient, et leur dit : « Que cherchez-vous ? » Ils lui répondirent : « Rabbi (c'est-à-dire "Maître"), où demeures-tu ? » Il leur dit : « Venez, et vous verrez. » Ils l'accompagnèrent, ils virent où il demeurait, et ils restèrent auprès de lui ce jour-là. C'était vers 4 heures du soir.

André, le frère de Simon Pierre, était l'un des deux disciples qui avaient entendu Jean le Baptiste et qui avaient suivi Jésus. Il trouve d'abord son frère Simon et lui dit : « Nous avons trouvé le Messie », (autrement dit "le Christ"). André amena son frère à Jésus. Jésus posa son regard sur lui et dit : « Tu es Simon, fils de Jean, tu t'appelleras Képha. » (Ce qui veut dire "pierre").

Jean, I, 35 - 42.

*

* *

Comme il était à table dans la maison de Lévi, (qui était collecteur d'impôts), beaucoup de publicains et de pécheurs vinrent prendre place avec Jésus et ses disciples, car il y avait beaucoup de monde. Même les scribes du parti des pharisiens[1] le suivaient aussi, et, voyant qu'il mangeait avec les pécheurs et les publicains[1], ils disaient à ses disciples : « Il mange avec les publicains et les pécheurs ! » Jésus, qui avait entendu, leur déclara : « Ce ne sont pas les gens bien portants qui ont besoin du médecin, mais les malades. Je suis venu appeler non pas les justes, mais les pécheurs. »

Marc, II, 15 - 17.

N. d. E. : Les pharisiens regroupaient des Juifs pieux, respectueux de la Loi juive. Ils pouvaient constituer de véritables communautés. Ouverts aux idées nouvelles, ils étaient populaires : certains d'entre eux ont bien accueilli la prédication de Jésus, d'autres ont vu en lui un adversaire. Les publicains étaient les collecteurs d'impôts, au service de l'occupant romain. Ils étaient très impopulaires.

PHOTOGRAPHIES :

1. Jésus appelle ses deux premiers disciples, André et Simon.

2. Arrestation de Jean le Baptiste. Hérode Antipas, le fils d'Hérode le Grand, fait arrêter Jean, à la demande de sa femme Hérodiade. Hérodiade était pourtant la propre épouse de Philippe, frère du roi. Hérode n'avait pas le droit de la prendre pour femme. Jean le lui reprochait vertement.[1]

3. Les 12 apôtres de Jésus :
Simon Pierre, Jean,
André, Barthélemy, Jacques le Majeur,
Jacques le Mineur, Matthieu, Philippe,
Thaddée, Thomas, Simon le Zélote,
Judas Iscariote.

4 à 6. Les noces de Cana. Le premier des signes de Jésus. (Voir le récit évangélique page 130).

1. *N. d. E. :* Hérode Antipas fera décapiter Jean le Baptiste, plus tard, toujours à la demande de son épouse Hérodiade. La fille de celle-ci , Salomé, danse devant le roi. Hérode est séduit et dit à sa fille : « Demande-moi ce que tu veux, je te l'accorderai. » Salomé cherche conseil auprès de sa mère. Hérodiade lui dit : « Exige qu'on t'apporte sur un plateau la tête de Jean. » Le roi Hérode éprouva une grande tristesse car il craignait Jean. Mais il ne pouvait pas se déjuger devant sa cour et fit exécuter Jean. (Raconté en *Marc,* VI, 21-29 et *Matthieu,* XIV, 6-12).

1/2

LES NOCES DE CANA

Il y avait un mariage à Cana en Galilée. La mère de Jésus était là. Jésus aussi avait été invité au repas de noces avec ses disciples.

Or, on manqua de vin ; la mère de Jésus lui dit : « Ils n'ont pas de vin. » Jésus lui répond : « Femme que me veux-tu ? Mon heure n'est pas encore venue. » Sa mère dit aux serviteurs : « Faites tout ce qu'il vous dira. » Or, il y avait là six cuves de pierre pour les ablutions rituelles des Juifs ; chacune contenait environ cent litres. Jésus dit aux serviteurs : « Remplissez d'eau les cuves. » Et ils les remplirent jusqu'au bord. Il leur dit : « Maintenant, puisez, et portez-en au maître du repas. » Ils lui en portèrent. Le maître du repas goûta l'eau changée en vin. Il ne savait pas d'où venait ce vin, mais les serviteurs le savaient, eux qui avaient puisé l'eau. Alors le maître du repas interpelle le marié et lui dit : « Tout le monde sert le bon vin en premier, et, lorsque les gens ont bien bu, on apporte le moins bon. Mais toi, tu as gardé le bon vin jusqu'à maintenant. »

Tel fut le commencement des signes que Jésus accomplit. C'était à Cana en Galilée. Il manifesta sa gloire, et ses disciples crurent en lui.

Jean, II, 1 - 11.

4

2 - L'annonce du Royaume

PHOTOGRAPHIES :

1. Jésus au milieu des foules.

2. Jésus enseigne aux foules.

3. Les foules, attentives à l'enseignement de Jésus.

4. L'entourage de Jésus.

5. Marie et les enfants.

6. Page de gauche : Marie de Magdala (dite aussi Marie Madeleine), Jeanne, Suzanne et plusieurs autres femmes qui accompagnent Jésus, comme Marie.

   Page de droite : Marie.

L'ENSEIGNEMENT DE JÉSUS

Jésus se mettait en route quand un homme accourut vers lui, se mit à genoux et lui demanda : « Bon Maître, que dois-je faire pour avoir en héritage la vie éternelle ? » Jésus lui dit : « Pourquoi m'appelles-tu bon ? Personne n'est bon, sinon Dieu seul. Tu connais les commandements : ne commets pas de meurtre, ne commets pas d'adultère, ne commets pas de vol, ne porte pas de faux témoignage, ne fais de tort à personne, honore ton père et ta mère. » L'homme répondit : « Maître, j'ai observé tous ces commandements depuis ma jeunesse. » Posant alors son regard sur lui, Jésus se mit à l'aimer. Il lui dit : « Une seule chose te manque : va, vends tout ce que tu as, donne-le aux pauvres et tu auras un trésor au ciel ; puis viens et suis-moi. » Mais lui, à ces mots, devint sombre et s'en alla tout triste, car il avait de grands biens.

Alors Jésus regarde tout autour de lui et dit à ses disciples : « Comme il sera difficile à ceux qui possèdent des richesses d'entrer dans le Royaume de Dieu ! » Les disciples étaient stupéfaits de ces paroles. Mais Jésus reprend : « Mes enfants, comme il est difficile d'entrer dans le Royaume de Dieu ! Il est plus facile à un chameau de passer par le trou d'une aiguille qu'à un riche d'entrer dans le Royaume de Dieu. » De plus en plus déconcertés, les disciples se demandaient entre eux : « Mais alors, qui peut être sauvé ? » Jésus les regarde et répond : « Pour les hommes, cela est impossible, mais pas pour Dieu ; car tout est possible à Dieu. »

Marc, X, 17 - 27.

1

LES BÉATITUDES

Quand Jésus vit la foule qui le suivait, il gravit la montagne. Il s'assit, et ses disciples s'approchèrent. Alors, ouvrant la bouche, il se mit à les instruire. Il disait :
« Heureux les pauvres de cœur : le Royaume des cieux est à eux !
Heureux les doux : ils obtiendront la terre promise !
Heureux ceux qui pleurent : ils seront consolés !
Heureux ceux qui ont faim et soif de la justice : ils seront rassasiés !
Heureux les miséricordieux : ils obtiendront miséricorde !
Heureux les cœurs purs : ils verront Dieu !
Heureux les artisans de paix : ils seront appelés fils de Dieu !
Heureux ceux qui sont persécutés pour la justice : le Royaume des cieux est à eux !
Heureux serez-vous si l'on vous insulte, si l'on vous persécute et si l'on dit faussement du mal contre vous, à cause de moi.
Réjouissez-vous, soyez dans l'allégresse, car votre récompense sera grande dans les cieux ! »

Matthieu, V, 1 - 12.

*
* *

Un jour, quelque part, Jésus était en prière. Quand il eut terminé, un de ses disciples lui demanda : « Seigneur, apprends-nous à prier, comme Jean Baptiste l'a appris à ses disciples. » Il leur répondit : « Quand vous priez, dites :
"Père, que ton nom soit sanctifié, que ton règne vienne.
Donne-nous le pain dont nous avons besoin pour chaque jour.
Pardonne-nous nos péchés, car nous-mêmes nous pardonnons à tous ceux qui ont des torts envers nous.
Et ne nous soumets pas à la tentation." »

Luc, XI, 1 - 4.

« LAISSEZ VENIR À MOI LES PETITS ENFANTS »

On présentait à Jésus des enfants pour les lui faire toucher ; mais les disciples écartaient vivement (ceux qui les amenaient). Voyant cela, Jésus se fâcha et leur dit : « Laissez les enfants venir à moi. Ne les empêchez pas, car le Royaume de Dieu est à ceux qui leur ressemblent. Amen, je vous le dis : celui qui n'accueille pas le Royaume de Dieu à la manière d'un enfant, n'y entrera pas. » Il les embrassait et les bénissait en leur imposant les mains.

Marc, X, 13 - 16.

*
*   *

Ensuite Jésus passait à travers villes et villages, proclamant la « bonne nouvelle » du règne de Dieu. Les Douze l'accompagnaient, ainsi que des femmes qu'il avait délivrées d'esprits mauvais et guéries de leurs maladies ; Marie, appelée Madeleine, qui avait été libérée de sept démons, Jeanne, femme de Kouza, l'intendant d'Hérode, Suzanne, et beaucoup d'autres, qui les aidaient de leurs ressources.

Luc, VIII, 1 - 3.

4

5

3 - «Marie gardait tout cela dans son cœur»

PHOTOGRAPHIES :

1 à 3. Jésus enseigne dans les synagogues.

4. Au-dehors, la mère de Jésus et un groupe de disciples attendent Jésus. Ils sont déconcertés par ses paroles dures : *«Qui est ma mère ? Et qui sont mes frères ?»*

5. Jésus avec quelques-uns de ses apôtres.

6. Au bord du lac de Génésareth.

JÉSUS À NAZARETH

Jésus vint à Nazareth, où il avait grandi. Comme il en avait l'habitude, il entra dans la synagogue le jour du sabbat, et il se leva pour faire la lecture. On lui présenta le livre du prophète Isaïe. Il ouvrit le livre et trouva le passage où il est écrit : « L'Esprit du Seigneur est sur moi parce que le Seigneur m'a consacré par l'onction. Il m'a envoyé porter la bonne nouvelle aux pauvres, annoncer aux prisonniers qu'ils sont libres, et aux aveugles qu'ils verront la lumière, apporter aux opprimés la libération, annoncer une année de bienfaits accordés par le Seigneur. »

Jésus referma le livre, le rendit au servant et s'assit. Tous, dans la synagogue, avaient les yeux fixés sur lui. Alors il se mit à leur dire : « Cette parole de l'Ecriture que vous venez d'entendre, c'est aujourd'hui qu'elle s'accomplit. »

Luc, IV, 16 - 21.

*
* *

Alors arrivent sa mère et ses frères. Restant au-dehors, ils le font demander. Beaucoup de gens étaient assis autour de lui ; et on lui dit : « Ta mère et tes frères sont là dehors, qui te cherchent. » Mais il leur répond : « Qui est ma mère ? Et qui sont mes frères ? » Et, parcourant du regard ceux qui étaient assis en cercle autour de lui, il dit : « Voici ma mère et mes frères. Celui qui fait la volonté de Dieu, celui-là est mon frère, ma soeur, ma mère. »

Marc, III, 31 - 35.

LA CONFESSION DE FOI DE PIERRE

Jésus était venu dans la région de Césarée de Philippe, et il demandait à ses disciples : « Le Fils de l'Homme, qui est-il, d'après ce que disent les hommes ? » Ils répondirent : « Pour les uns, il est Jean le Baptiste ; pour d'autres, Elie ; pour d'autres encore, Jérémie ou l'un des prophètes. » Jésus leur dit : « Et vous, que dites-vous ? Pour vous, qui suis-je ? » Prenant la parole, Simon Pierre déclara : « Tu es le Messie, le Fils du Dieu vivant ! » Prenant la parole à son tour, Jésus lui déclara : « Heureux es-tu, Simon fils de Yonas : ce n'est pas la chair et le sang qui t'ont révélé cela, mais mon Père qui est aux cieux. Et moi, je te le déclare : Tu es Pierre, et sur cette pierre je bâtirai mon Eglise ; et la puissance de la mort ne l'emportera pas sur elle. Je te donnerai les clefs du Royaume des cieux : tout ce que tu auras lié sur la terre sera lié dans les cieux, et tout ce que tu auras délié sur la terre sera délié dans les cieux. » Alors, il ordonna aux disciples de ne dire à personne qu'il était le Messie.[1]

Matthieu, XVI, 13 - 20.

*

* *

Jésus traversait la Galilée avec ses disciples, et il ne voulait pas qu'on le sache. Car il les instruisait en disant : « Le Fils de l'Homme est livré aux mains des hommes ; ils le tueront et, trois jours après sa mort, il ressuscitera. » Mais les disciples ne comprenaient pas ces paroles et ils avaient peur de l'interroger.

Marc, IX, 30 - 32.

1. N. d. E. : « Messie » et « Fils de l'Homme ». Jésus ne s'est jamais dit lui-même « Fils de Dieu », au sens où nous l'entendons aujourd'hui. « Fils de Dieu » était à l'époque de Jésus un qualificatif honorifique, d'usage courant, qui désignait un noble, un prince, un homme juste. Quant à l'expression « Fils de l'Homme », elle fait référence à une vision du prophète Daniel qui désignait clairement le Messie.

5/6

4 - La montée à Jérusalem

PHOTOGRAPHIES :

1. Devant les murailles de Jérusalem.

2 et 3. Jésus entre à Jérusalem, acclamé par la foule.

4. Les femmes de l'entourage de Jésus le suivent.

5 et 6. Le cortège passe devant les grands prêtres et les chefs du peuple.

7 et 8. Les apôtres suivent Jésus.

ENTRÉE TRIOMPHALE DE JÉSUS À JÉRUSALEM

(Quelques jours avant la fête de la Pâque), Jésus et ses disciples, approchant de Jérusalem, arrivèrent à Bethphagé, sur les pentes du mont des Oliviers. Alors Jésus envoya deux disciples : « Allez au village qui est en face de vous ; vous trouverez aussitôt une ânesse attachée et son petit avec elle. Détachez-la et amenez-les-moi. » (...)

Les disciples partirent et firent ce que Jésus leur avait ordonné. Ils amenèrent l'ânesse et son petit, disposèrent sur eux leurs manteaux, et Jésus s'assit dessus.

Dans la foule, la plupart étendirent leurs manteaux sur le chemin ; d'autres coupaient des branches aux arbres et en jonchaient la route. Les foules qui marchaient devant Jésus et celles qui suivaient criaient : « Hosanna au fils de David ! Béni soit celui qui vient au nom du Seigneur ! Hosanna au plus haut des cieux ! » Comme Jésus entrait à Jérusalem, l'agitation gagna toute la ville ; on se demandait : « Qui est cet homme ? » Et les foules répondaient : « C'est le prophète Jésus, de Nazareth en Galilée. »

Matthieu, XXI, 1 - 2, 6 - 11.

*
* *

Quelques pharisiens, qui se trouvaient dans la foule, dirent à Jésus : « Maître, arrête tes disciples ! » Mais il leur répondit : « Je vous le dis : s'ils se taisent, les pierres crieront. »

Luc, XIX, 39 - 40.

2 3/4

LA FEMME ADULTÈRE

Il était chaque jour dans le Temple pour enseigner. Les chefs des prêtres et les scribes, ainsi que les notables, cherchaient à le faire mourir, mais ils ne trouvaient pas le moyen d'y arriver ; en effet, le peuple tout entier était suspendu à ses lèvres.

Luc, XIX, 47 - 48.

*
* *

Jésus s'était rendu au mont des Oliviers ; de bon matin, il retourna au Temple de Jérusalem. Comme tout le peuple venait à lui, il s'assit et se mit à enseigner.

Les scribes et les pharisiens lui amenèrent une femme qu'on avait surpris en train de commettre l'adultère. Ils la font avancer, et disent à Jésus : « Maître, cette femme a été prise en flagrant délit d'adultère. Or, dans la Loi, Moïse nous a ordonné de lapider ces femmes-là. Et toi, qu'en dis-tu ? » Ils parlaient ainsi pour le mettre à l'épreuve, afin de pouvoir l'accuser. Mais Jésus s'était baissé, et, du doigt, il traçait des traits sur le sol. Comme on persistait à l'interroger, il se redressa et leur dit : « Celui d'entre vous qui est sans péché, qu'il soit le premier à lui jeter la pierre. »

Et il se baissa de nouveau pour tracer des traits sur le sol. Quant à eux, sur cette réponse, ils s'en allaient l'un après l'autre, en commençant par les plus âgés. Jésus resta seul avec la femme en face de lui. Il se redressa et lui demanda : « Femme, où sont-ils donc ? Alors, personne ne t'a condamnée ? » Elle répondit : «Personne, Seigneur. » Et Jésus lui dit : « Moi non plus, je ne te condamne pas. Va, et désormais, ne pèche plus. »

Jean, VIII, 1 - 11.

5 - Le procès, la mort, la Résurrection

PHOTOGRAPHIES :

1. Les grands prêtres. Ils cherchent à arrêter Jésus.

2. La Cène.

3. Les femmes servent le repas de la Pâque.

4. Jésus au milieu des apôtres.

5. Les femmes, avec Marie, se tiennent, attentives, à la porte de la salle.

6. «Veillez et priez...»

7. Jésus au mont des Oliviers.

8. Marie, accompagnée d'une jeune servante, souffre un martyre intérieur : son fils va être arrêté et torturé.

9. Le baiser de Judas.

10. Jésus au mont des Oliviers.

11 et 12. Jésus emmené par les soldats.

PRÉPARATIFS DE LA PÂQUE

Jésus acheva ainsi tout son discours, puis il dit à ses disciples : « Vous savez que la Pâque arrive dans deux jours et que le Fils de l'Homme va être livré pour être crucifié. »

Alors les grands prêtres et les chefs du peuple se réunirent dans le palais du grand prêtre, qui s'appelait Caïphe ; ils tinrent conseil pour arrêter Jésus par ruse et le faire mourir. Mais ils se disaient : « Pas en pleine fête, afin qu'il n'y ait pas d'émeute dans le peuple. » (...)

Alors, l'un des Douze, nommé Judas Iscariote, alla trouver les chefs des prêtres et leur dit : « Que voulez-vous me donner si je vous le livre ? » Ils lui proposèrent trente deniers d'argent. Dès lors, Judas cherchait une occasion favorable pour le livrer.

Matthieu, XXVI, 1 - 5 ,14 - 16.

*

* *

Après avoir ainsi parlé, Jésus fut bouleversé au plus profond de lui-même, et il attesta : « Amen, amen, je vous le dis : l'un de vous me livrera. » Les disciples se regardaient les uns les autres, sans parvenir à comprendre de qui Jésus parlait. Comme il y avait à table, tout contre Jésus, l'un de ses disciples, celui que Jésus aimait, Simon Pierre lui fait signe de demander à Jésus de qui il veut parler. Le disciple se penche donc sur la poitrine de Jésus et lui dit : « Seigneur, qui est-ce ? » Jésus lui répond : « C'est celui à qui j'offrirai la bouchée que je vais tremper dans le plat. » Il trempe la bouchée, et la donne à Judas, fils de Simon Iscariote. Et, quand Judas eut pris la bouchée, Satan entra en lui. Jésus lui dit alors : « Ce que tu fais, fais-le vite. » (...) Quand Judas eut pris la bouchée, il sortit aussitôt ; il faisait nuit.

Jean, XIII, 21 - 30.

1

2

JÉSUS INSTITUE L'EUCHARISTIE

Pendant le repas, Jésus prit du pain, prononça la bénédiction, le rompit et le donna à ses disciples, en disant : « Prenez, mangez : ceci est mon corps. » Puis, prenant une coupe et rendant grâce, il la leur donna en disant : « Buvez-en tous, car ceci est mon sang, le sang de l'Alliance, répandu pour la multitude en rémission des péchés. Je vous le dis, désormais je ne boirai plus de ce fruit de la vigne, jusqu'au jour où je boirai un vin nouveau avec vous dans le Royaume de mon Père. »

Après avoir chanté les psaumes, ils partirent pour le mont des Oliviers. Alors Jésus leur dit : « Cette nuit, je serai pour vous tous une occasion de chute ; car il est écrit : "Je frapperai le berger, et les brebis du troupeau seront dispersées." Mais après que je serai ressuscité, je vous précéderai en Galilée. » Pierre lui dit : « Si tous viennent à tomber à cause de toi, moi, je ne tomberai jamais. » Jésus reprit : « Amen, je te le dis : cette nuit même, avant que le coq chante, tu m'auras renié trois fois. » Pierre lui dit : « Même si je dois mourir avec toi, je ne te renierai pas. » Et tous les disciples en dirent autant.

Matthieu, XXVI, 26 - 35.

*
* *

A l'heure où Jésus passait de ce monde à son Père, les yeux levés au ciel, il priait ainsi : « Je ne prie pas seulement pour ceux qui sont là, mais encore pour ceux qui accueilleront leur parole et croiront en moi : Que tous, ils soient un, comme toi, Père, tu es en moi et moi en Toi. Qu'ils soient un en nous, eux aussi, pour que le monde croie que tu m'as envoyé. »

Jean, XVII, 20 - 21.

3

4

JÉSUS À GETHSÉMANI

Alors Jésus parvient avec eux à un domaine appelé Gethsémani et leur dit : « Restez ici, pendant que je m'en vais là-bas pour prier. » (...) Il commença à ressentir tristesse et angoisse. Il leur dit alors : « Mon âme est triste à en mourir. Demeurez ici et veillez avec moi. » Il s'écarta un peu et tomba la face contre terre, en faisant cette prière : « Mon Père, s'il est possible, que cette coupe passe loin de moi ! cependant, non pas comme je veux, mais comme tu veux. » Puis il revient vers ses disciples et les trouve endormis ; il dit à Pierre : « Ainsi, vous n'avez pas eu la force de veiller une heure avec moi ? Veillez et priez, pour ne pas entrer en tentation : l'esprit est ardent, mais la chair est faible. » (...)

Jésus parlait encore lorsque Judas, l'un des Douze, arriva, avec une grande foule armée d'épées et de bâtons, envoyée par le chef des prêtres et les anciens du peuple. Le traître leur avait donné un signe : «Celui que j'embrasserai, c'est lui ; arrêtez-le.» Aussitôt, s'approchant de Jésus, il lui dit : « Salut, Rabbi ! » et il l'embrassa. Jésus lui dit : « Mon ami, fais ta besogne. » Alors ils s'avancèrent, mirent la main sur Jésus et l'arrêtèrent.

Matthieu, XXVI, 36 - 41, 47 - 50.

PIERRE ET JUDAS

Ceux qui avaient arrêté Jésus l'emmenèrent devant Caïphe, le grand prêtre, chez qui s'étaient réunis les scribes et les Anciens. Quant à Pierre, il le suivait de loin, jusqu'au palais du grand prêtre ; il entra dans la cour et s'assit avec les serviteurs pour voir comment cela finirait. (...)

Pierre était assis dehors dans la cour. Une servante s'approcha de lui : « Toi aussi, tu étais avec Jésus le Galiléen ! » Mais il nia devant tout le monde : « Je ne sais pas ce que tu veux dire. » Comme il se retirait vers le portail, une autre le vit et dit aux gens qui étaient là : « Celui-ci était avec Jésus de Nazareth. » De nouveau Pierre le nia : « Je jure que je ne connais pas cet homme. » Peu après, ceux qui se tenaient là s'approchèrent de Pierre : « Sûrement, toi aussi, tu fais partie de ces gens-là ; d'ailleurs ton accent te trahit. » Alors, il se mit à protester violemment et à jurer : « Je ne connais pas cet homme. » Aussitôt un coq chanta. Et Pierre se rappela ce que Jésus lui avait dit : « Avant que le coq chante, tu m'auras renié trois fois. » Il sortit et pleura amèrement.

Matthieu, XXVI, 57 - 75.

*
* *

Alors Judas le traître, fut pris de remords en le voyant condamné ; il rapporta les trente pièces d'argent aux chefs des prêtres et aux Anciens. Il leur dit : « J'ai péché en livrant à la mort un innocent. » Ils répliquèrent : « Qu'est-ce que cela nous fait ? Cela te regarde ! » Jetant alors les pièces d'argent dans le Temple, il se retira et alla se pendre.

Matthieu, XXVII, 3 - 5.

PHOTOGRAPHIES :

1. Saint Pierre au milieu des soldats. Il va renier Jésus.

2. Saint Pierre se rappelle la parole de Jésus : *«Avant que le coq chante, tu m'auras renié trois fois.»* Il pleure. (Voir le récit évangélique page 188).

3 et 4. Les chefs des prêtres remettent à Judas le prix de sa trahison.

5. Un soldat romain.

6 et 7. Jésus est emmené devant Pilate.

8. Jésus comparaît devant Pilate. La foule, entraînée par ses chefs, veut la mort de Jésus.

9. *«Qui voulez-vous que je vous relâche ? Barabbas ou Jésus qu'on appelle le Messie ?»*

10. La détresse de Marie. A ses côtés, Marie Madeleine et Jean.

11. Les prêtres demandent que Jésus soit mis à mort.

12. L'épouse de Pilate a eu un songe. Elle demande à son mari d'épargner ce juste.

13. Pilate craint l'émeute. Il condamne Jésus. Il s'en lave les mains.

14. Un soldat emmène Jésus.

15. La montée au Calvaire. Véronique essuie le visage du Christ.

3

4

JÉSUS DEVANT PILATE

On fit comparaître Jésus devant Pilate, le gouverneur, qui l'interrogea : « Es-tu le roi des Juifs ? » Jésus déclara : « C'est toi qui le dis. » Mais, tandis que les chefs des prêtres et les Anciens l'accusaient, il ne répondit rien. Alors Pilate lui dit : « Tu n'entends pas tous les témoignages portés contre toi ? » Mais Jésus ne lui répondit plus un mot, si bien que le gouverneur était très étonné. Or, à chaque fête, celui-ci avait coutume de relâcher un prisonnier, celui que la foule demandait. Il y avait alors un prisonnier bien connu, nommé Barabbas.

La foule s'étant donc rassemblée, Pilate leur dit : « Qui voulez-vous que je vous relâche : Barabbas ou Jésus, qu'on appelle le Messie ? » Il savait en effet que c'était par jalousie qu'on l'avait livré. Tandis qu'il siégeait au tribunal, sa femme lui fit dire : « Ne te mêle pas de l'affaire de ce juste, car aujourd'hui j'ai beaucoup souffert en songe à cause de lui. » Les chefs des prêtres et les Anciens poussèrent les foules à réclamer Barabbas et à faire périr Jésus. Le gouverneur reprit : « Lequel des deux voulez-vous que je vous relâche ? Ils répondirent : "Barabbas". » Il reprit : « Que ferais-je donc de Jésus, celui qu'on appelle le Messie ? » Ils répondirent tous : « Qu'on le crucifie ! » Il poursuivit : « Quel mal a-t-il donc fait ? » Ils crièrent encore plus fort : « Qu'on le crucifie ! ». Pilate vit que ses efforts ne servaient à rien, sinon à augmenter le désordre. Alors il prit de l'eau, il se lava les mains devant la foule, en disant : « Je ne suis pas responsable du sang de cet homme, cela vous regarde. » Tout le peuple répondit : « Son sang, qu'il soit sur nous et sur nos enfants ! » Il leur relâcha donc Barabbas, quant à Jésus, il le fit flageller et le leur livra pour qu'il soit crucifié.

Matthieu, XXVII, 11 - 26.

7

6

8/9/10

11

12

13

LA MORT DE JÉSUS

En sortant, ils trouvèrent un nommé Simon originaire de Cyrène, et ils le réquisitionnèrent pour porter la Croix. Arrivés à l'endroit appelé Golgotha – c'est-à-dire « lieu du crâne » ou « calvaire » – ils donnèrent à boire à Jésus du vin mêlé de fiel. Il en goûta, mais ne voulut pas boire. Après l'avoir crucifié, ils se partagèrent ses vêtements en tirant au sort, et ils restaient là, assis, à le garder. Audessus de sa tête, on inscrivit le motif de sa condamnation : « Celui-ci est Jésus, le roi des Juifs ». En même temps on crucifie avec lui deux bandits, l'un à droite et l'autre à gauche.

Matthieu, XXVII, 32 - 38.

*
* *

Or, près de la Croix de Jésus se tenaient sa mère, avec la sœur de sa mère, Marie la femme de Cléophas, et Marie Madeleine. Jésus, voyant sa mère, et près d'elle le disciple qu'il aimait, dit à sa mère : « Femme, voilà ton fils. » Puis il dit au disciple : « Voici ta mère. » Et à partir de cette heure-là, le disciple la prit chez lui.

Jean, XIX, 25 - 27.

*
* *

A partir de midi, l'obscurité se fit sur toute la terre jusqu'à 3 heures. Vers 3 heures, Jésus cria d'une voix forte : « Eli, Eli, lama sabaqthani », ce qui veut dire : « Mon Dieu, mon Dieu, pourquoi m'as-tu abandonné ? » Quelques-uns de ceux qui étaient là disaient en l'entendant : « Le voilà qui appelle le prophète Elie ! » Aussitôt l'un d'eux courut prendre une éponge qu'il trempa dans une boisson vinaigrée. Il la mit au bout d'un roseau et il lui donnait à boire. Les autres dirent : « Attends, nous verrons bien si Elie va venir le sauver ! » Mais Jésus, poussant de nouveau un grand cri, rendit l'esprit.

Matthieu, XXVII, 45 - 50.

PHOTOGRAPHIES :

1. Judas, pris de remords, se pend.

2. Marie Madeleine, Marie et Jean montent au Calvaire.[1]

3. Au pied de la Croix, la foule, les soldats, les disciples, Jean et Marie.

4 et 5. Jésus meurt sur la Croix.

6. La mise au tombeau.

7. Pilate accorde une garde pour surveiller le tombeau.

8. Marie Madeleine arrive au tombeau, le matin de la Pâque.

9. Le tombeau est vide.

10. Marie Madeleine court prévenir les disciples.

11. Marie comprend. Elle portait tout cela dans son coeur. Une autre histoire commence, celle de l'Église.

12 et 13. Marie se retire, Jean l'accueille chez lui.

1. N. d. E. : L'Évangile ne mentionne pas les stigmates de la Vierge. Nombre de mystiques ont connu les stigmates du Christ, comme saint François d'Assise, ou encore Marthe Robin, décédée en 1981. Comme le Christ, les stigmatisés ont des plaies aux pieds, aux mains, au côté. Jean Delannoy a repris une tradition qui remonte au haut Moyen Age. Marie a vécu des souffrances indicibles devant son fils torturé. Elle les a peut-être connues dans sa chair.

4 5

LA RÉSURRECTION

Le soir venu, arriva un homme riche, originaire d'Arimathie, qui s'appelait Joseph et qui était devenu lui aussi disciple de Jésus. Il alla trouver Pilate pour demander le corps de Jésus. Alors Pilate ordonna de le lui remettre. Prenant le corps, Joseph l'enveloppa dans un linceul neuf et le déposa dans le tombeau qu'il venait de se faire tailler dans le roc. Puis il roula une grande pierre à l'entrée du tombeau et s'en alla. Cependant, Marie Madeleine et l'autre Marie étaient là, assises en face du tombeau.

Matthieu, XXVII, 57 - 61.

*
* *

Le premier jour de la semaine, Marie Madeleine se rend au tombeau de grand matin, alors qu'il fait encore sombre. Elle voit que la pierre a été enlevée du tombeau. Elle court donc trouver Simon Pierre et l'autre disciple, celui que Jésus aimait, et elle leur dit : « On a enlevé le Seigneur de son tombeau, et nous ne savons pas où on l'a mis. » (...)

Marie Madeleine restait là dehors, à pleurer devant le tombeau. Elle se penche vers l'intérieur, tout en larmes, et, à l'endroit où le corps de Jésus avait été déposé, elle aperçoit deux anges vêtus de blanc, assis l'un à la tête et l'autre aux pieds. Ils lui demandèrent : « Femme, pourquoi pleures-tu ? » Elle leur répond : « On a enlevé le Seigneur mon Maître, et je ne sais pas où on l'a mis. » Tout en disant cela, elle se retourne et aperçoit Jésus qui était là, mais elle ne savait pas que c'était lui. Jésus lui demande : « Femme, pourquoi pleures-tu ? Qui cherches-tu ? » Le prenant pour le gardien, elle lui répond : « Si c'est toi qui l'a emporté, dis-moi où tu l'a mis, j'irai le reprendre. » Jésus lui dit alors : « Marie ! » Elle se tourne vers lui et lui dit : « Rabbouni ! » ce qui veut dire « Maître » dans la langue des Juifs. (...)

Marie Madeleine s'en va donc annoncer aux disciples : « J'ai vu le Seigneur, et voilà ce qu'il m'a dit. »

Jean, XX, 1 - 18.

9/10

11

12/13

FICHE ARTISTIQUE

Myriam MULLER. . . . . Marie de Nazareth
Didier BIENAIME. . . . . Jésus
Francis LALANNE . . . . Joseph
Marc de JONGE . . . . Hérode
Myriam MEZIERES. . . . . Marie de Magdala
Jean-Marc BORY . . . . Pilate
Jean-Loup WOLF . . . . Joachim
Corine BLUE . . . . Anne
Thierry MAILLOT . . . . Jean le Baptiste
Pierre LACAN . . . . Judas
Eric JAKOBIAK . . . . Jean
Jean-Pierre GERMAIN . . . . Simon Pierre
Mathieu SISSLER . . . . Jésus enfant
Claude BUCHVALD . . . . Elisabeth
Fatima KHEIR. . . . . Suzanne
Najat M'RINI . . . . Jeanne
Nezha ZAKARIA . . . . Salomé
Saïda BAADI. Judith de Bethsaïde
Stéphanie MARCHAIS . . . . La petite servante
Younes MEGRI. . . . . Matthieu
Jean-Marc AGUILAR . . . . André
Youssef AIT MANSOUR. . . . . Simon
Alain ASWANI . . . . Thomas
Adil BASRI. . . . . Jacques le Mineur
Mohcine BASRI. . . . . Philippe
Rachid EL WALI. . . . . Thaddée
Rachid KEKKAK . . . . Jacques le Majeur
Mohamed KAFI . . . . Barthélemy
Avec la voix de Georges WILSON

FICHE TECHNIQUE

Mise en scène. . . . . *Jean DELANNOY*
Scénario et adaptation . *Jean DELANNOY* et *Jacques DOUYAU*
Producteur délégué . . . . *Jacques QUINTARD*
pour : . . . . *AZUR FILMS*
MOROCCAN PRODUCTIONS AND SERVICES (MPS)
BELVISION FRANCE
FIMA PRODUCTIONS
COMITE FRANÇAIS DE RADIO-TELEVISION
LE QUADRIGE
A.J.H. INVEST
BRUNCH PRODUCTIONS
D.D.B. IMAGES
J & B MOVIES
CLUB INVESTISSEMENT MEDIA
CANAL +
COFICINE
Producteurs exécutifs . . . . *Sarim FASSI FIHRI*
Jean-Claude VIEU
Distribution . . . . *MEDIA FILMS - DARGAUD*
1er assistant mise en scène . . . . *Michel LEROY*
Images . . . . *Claude AGOSTINI*
Décors . . . . *Gil PARRONDO*
Costumes . . . . *Javier ARTINANO*
Musique. . . . . *Olivier LLIBOUTRY*
Son . . . . *Jean MINONDO*
Montage . . . . *Françoise BERGER GARNAULT*
Conseiller religieux . . . . *Bernard GENDRIN*
Assistant du producteur . . . . *Sofiene BAKIR*

Durée du film : 1 h 50.

REMERCIEMENTS

Son Excellence le cardinal John Foley, président de la Commission pontificale pour les Communications sociales.

Son Excellence Monseigneur Domenico de Luca, nonce apostolique à Rabat (Maroc).

Son Excellence le cardinal Jean-Marie Lustiger, archevêque de Paris.

Monseigneur Léon Didier Marchand, évêque de Valence, président du Comité permanent pour l'Information et la Communication de l'Église de France.

Monseigneur Jean-Michel di Falco, porte-parole des évêques de France.

Le père Daniel Boichot, secrétaire général adjoint de l'Enseignement catholique.

A tous les comédiens, techniciens, qui ont contribué à la réalisation de l'oeuvre, et en particulier à Monsieur Sarim Fassi Fihri, producteur exécutif et président de M.P.S. (Moroccan Productions and Services).

A tous les groupes et les personnes qui ont contribué au financement du film, certains n'hésitant pas à se priver d'une part de leur nécessaire.

ISBN 2 85018 279 6

Numéro d'éditeur : 1342
Dépôt légal : novembre 1995

Imprimé en Italie par G. Canale & C. S.p.A. - Borgaro T.se - TURIN